AF497307

GILLES DE RAIS

*Lecture faite au Congrès d'Ethnographie et d'Art populaire,
à Niort, le 6 Juin 1896.*

TIRÉ A CENT EXEMPLAIRES

SOCIÉTÉ D'ETHNOGRAPHIE NATIONALE ET D'ART POPULAIRE
CONGRÈS DE NIORT 1896

LA SORCELLERIE EN POITOU

GILLES DE RAIS

PAR

J.-K. HUYSMANS

PARIS
LIBRAIRIE DE LA TRADITION NATIONALE
24, Rue Visconti
(A Niort, 23, Rue Saint-Jean)
1897

GILLES DE RAIS

GILLES de Rais, dont l'enfance est inconnue, naquit vers 1404, sur les confins de la Bretagne et de l'Anjou, dans le château de Machecoul, en Bas-Poitou. Son père meurt à la fin d'octobre 1415 ; sa mère se remarie presque aussitôt avec un sieur d'Eslouville et l'abandonne, lui et René de Rais, son frère ; il passe sous la tutelle de son aïeul Jean de Craon, seigneur de Champtocé et de la Sage, « homme vieil et ancien et de moult grand âge », disent les textes. Il n'est ni surveillé ni dirigé par ce vieillard débonnaire et distrait, qui se débarrasse de lui, en le mariant à Catherine de Thouars, le 30 du mois de novembre 1420.

L'on constate sa présence à la cour du Dauphin, cinq ans après, ses contemporains le représentent comme un homme nerveux et robuste, d'une beauté et d'une élégance rares. Les renseignements font défaut sur le rôle qu'il joue dans cette cour, mais on peut aisément les suppléer, en se figurant l'arrivée de Gilles, qui était le plus riche des barons de France, chez un roi pauvre.

A ce moment, en effet, Charles VII est aux abois ; il est sans argent, dénué de prestige, et son autorité reste nulle ; la situation de la France, exténuée par les massacres, déjà ravagée quelques années auparavant par la peste est horrible. Elle est scarifiée jusqu'au sang, vidée jusqu'aux moelles par l'Angleterre, qui, semblable à ce poulpe fabuleux, le kraken, émerge de la mer, et lance, au-dessus du détroit, sur la Bretagne, la Normandie, une partie de la Picardie, l'Ile-de-France, tout le nord, le centre jusqu'à Orléans, ses tentacules dont les ventouses ne laissent plus, en se soulevant, que des villes taries, que des campagnes mortes.

Les appels de Charles réclamant des subsides, inventant des

exactions, pressant l'impôt, sont inutiles. Les cités saccagées, les champs abandonnés et peuplés de loups, ne peuvent secourir un roi dont la légitimité même est douteuse. Il s'éplore ; gueuse à la ronde, vainement, des sous. A Chinon, dans sa petite cour, c'est un réseau d'intrigues que dénouent çà et là des meurtres. Las d'être traqués, vaguement à l'abri derrière la Loire, Charles et ses partisans finissent par se consoler, dans d'exubérantes orgies, des désastres qui se rapprochent ; dans cette royauté au jour le jour, alors que des razzias ou des emprunts rendent la chère opulente et l'ivresse large, l'oubli se fait de ces qui-vive permanents et de ces sursauts, et l'on nargue les lendemains, en sablant les gobelets.

Cependant, les armées anglaises se rejoignaient, inondaient le pays, s'étendaient de plus en plus, envahissaient le centre. Le Roi songeait à se replier dans le Midi, à lâcher la France ; ce fut à ce moment que parut Jeanne d'Arc. Gilles de Rais, qui se trouvait alors à la cour, fut chargé par Charles de la garde et de la défense de la Pucelle. Il la suit partout, l'assiste dans les batailles, sous les murs de Paris même, se tient auprès d'elle à Reims, le jour du sacre, où, à cause de sa valeur, dit Monstrelet, le Roi le nomma maréchal de France, à vingt-cinq ans !

Quelle fut la conduite de Gilles de Rais envers Jeanne d'Arc ? Les renseignements font défaut. M. Vallet de Virville l'accuse de trahison, sans aucune preuve. M. l'abbé Bossard prétend, au contraire, qu'il lui fut dévoué et veilla loyalement sur elle, et il étaie son opinion de raisons plausibles. Quoi qu'il en soit, après la capture et la mort de Jeanne, nous perdons les traces de Gilles, que nous retrouvons enfermé, à vingt-six ans, dans le château de Tiffauges.

La vieille culotte de fer, le soudart qui était en lui, disparaissent. En même temps que les méfaits vont commencer, l'artiste et le lettré se développent en notre héros, s'extravasent, l'incitent même, sous l'impulsion d'un mysticisme à rebours, aux plus savantes des cruautés, aux plus délicats des crimes.

Car il est presque isolé dans son temps, ce baron de Rais ! Alors que ses pairs sont de simples brutes, lui veut des raffinements éperdus d'art, rêve de littérature térébrante et lointaine, compose même un traité sur l'art d'évoquer les démons, adore la musique, ne veut s'entourer que d'objets introuvables, que de choses rares.

Il était latiniste érudit, causeur spirituel, ami généreux et sûr. Il possédait une bibliothèque extraordinaire pour ce temps, où la lecture se confine dans la théologie et les vies des Saints. Nous avons la description de quelques-uns de ses manuscrits : Suétone, Valère

Maxime : d'un Ovide sur parchemin, couvert de cuir rouge avec fermoir de vermeil et clef.

Tout cela coûtait cher, moins pourtant que cette fameuse cour qui l'entourait à Tiffauges et faisait de cette forteresse un lieu unique.

Il avait une garde de plus de deux cents hommes, chevaliers, capitaines, écuyers, pages, et tous ces gens avaient, eux-mêmes, des serviteurs magnifiquement équipés aux frais de Gilles. Le luxe de sa chapelle et de sa collégiale tournait positivement à la démence. A Tiffauges, résidait tout le clergé d'une métropole, doyens, vicaires, trésoriers, chanoines, clercs et diacres, écolàtrés et enfants de chœur ; le compte nous est resté des surplis, des étoles, des aumusses, des chapeaux de chœur de fin-gris, doublés de menu vair. Les ornements sacerdotaux foisonnent : ici l'on rencontre des parements d'autel en drap vermeil, des courtines de soie émeraude, une chape de velours cramoisi, violet, avec drap d'or orfrasé, une autre en drap de damas aurore ; des dalmatiques en satin pour diacres ; des baldaquins, figurés, oiselés d'or de Chypre ; là, des plats, des calices, des ciboires, martelés, pavés de cabochons, sertis de gemmes, des reliquaires parmi lesquels le chef en argent de saint Honoré, tout un amas d'incandescentes orfèvreries, qu'un artiste, installé au château, ciselé suivant ses goûts.

Et tout était à l'avenant ; sa table était ouverte à tout convive ; de tous les coins de la France, des caravanes s'acheminaient vers ce château, où les artistes, les poètes, les savants, trouvaient une hospitalité princière, une aise bon enfant, des dons de bienvenue et des largesses de départ.

Déjà affaiblie par les profondes saignées que lui pratiqua la guerre, sa fortune vacilla sous ces dépenses ; alors il entra dans la voie terrible des usures ; il emprunta aux pires bourgeois, hypothéqua ses châteaux, aliéna ses terres ; il en fut réduit, à certains moments, à demander des avances sur les ornements du culte, sur ses bijoux, sur ses livres.

Effrayée de ces folies, la famille du Maréchal supplia le Roi d'intervenir ; et, en effet, en 1436, Charles VII, « sûr, dit-il, du mauvais gouvernement du sire de Rais », lui fit, en son grand Conseil, et par lettres datées d'Amboise, défense de vendre et aliéner aucune forteresse, aucun château, aucune terre.

Cette ordonnance hâta tout simplement la ruine de l'interdit. Le grand Pince-Maille, le Maître Usurier du temps, Jean V, duc de Bretagne refusa de publier dans ses Etats l'édit, qu'il fit notifier en sous main, pourtant, à ceux de ses sujets qui traitaient avec Gilles. Personne n'osant plus acheter de domaines au Maréchal, de peur de s'attirer la haine du Duc et d'encourir la colère du Roi, Jean V demeura seul acquéreur, et dès lors, il fixa les prix. On peut penser si les biens de Gilles de Rais furent possédés à bon compte !

Réduit aux abois, Gilles se laissa entièrement dominer par la passion de l'alchimie et abandonna tout pour elle. Mais il est bon de remarquer que cette science, qui le jeta dans la démonomanie, alors qu'il espéra créer de l'or et se sauver ainsi d'une misère imminente, il l'aima pour elle-même, dans un temps où il était riche. Ce fut en effet vers l'année 1426, au moment où l'argent déferlait dans ses coffres, qu'il tenta, pour la première fois, la réussite du grand œuvre.

Nous le retrouvons donc penché sur des cornues, dans le château de Tiffauges, et c'est maintenant qu'il va commencer la série des crimes de magie.

En se reportant à son temps, il est facile de se figurer les connaissances qu'il possède sur la manière de transmuer les métaux.

L'alchimie était déjà très développée un siècle avant qu'il naquît. Les écrits d'Albert le Grand, d'Armand de Villeneuve, de Raymond Lulle, étaient entre les mains des hermétistes, Les manuscrits de Nicolas Flamel circulaient ; nul doute que Gilles, qui raffolait des volumes étranges, des pièces rares, ne les ait acquis ; ajoutons qu'à cette époque, l'édit de Charles V, interdisant, sous peine de la prison et de la mort les travaux spagiriques, et que la bulle *Spondent pariter quas non exhibent*, que le pape Jean XXII fulmina contre les alchimistes, étaient encore en vigueur. Ces œuvres étaient donc défendues, et par conséquent enviables ; il est certain que Gilles les a longuement étudiées, mais de là à les comprendre il y a loin !

Ces livres constituaient, en effet, le plus incroyable des galimatias, le plus inintelligible des grimoires. Tout était en allégories, en métaphores cocasses et obscurs, en emblêmes incohérents, en paraboles embrouillées, en enigmes bourrées de chiffres.

Il est bien évident qu'à Tiffauges, seul, sans l'aide d'initiés, Gilles était incapable de tenter utilement des fouilles. A cette époque, le centre hermétiste était, en France, à Paris, où les alchimistes se réunissaient sous les voûtes de Notre-Dame et étudiaient, les hiéroglyphes du charnier des Innocents et le portail de Saint-Jacques de la Boucherie, sur lequel Nicolas Flamel avait écrit, en de kabbalistiques emblêmes, la préparation de la fameuse pierre.

Le Maréchal ne pouvait se rendre à Paris sans tomber dans les troupes anglaises qui barraient les routes ; il choisit le moyen le plus

simple, il appela les transmutateurs les plus célèbres du Midi et les fit
amener, à grand frais, à Tiffauges

D'après les documents que nous possédons, nous le voyons faire
construire le fourneau des alchimistes, l'athanor ; acheter des péli-
cans, des creusets et des cornues. Il établit des laboratoires dans l'une
des ailes de son château, et il s'y enferme avec Antoine de Palerme,
François Lombard, Jean Petit, orfèvre de Paris, qui s'emploient jours
et nuits à la coction du grand œuvre.

Rien ne réussit ; à bout d'expédients ces hermétistes disparaissent,
et c'est alors à Tiffauges, un incroyable va-et-vient de souffleurs et
d'adeptes. Il en arrive de tous les points de la Bretagne, du Poitou,
du Maine, seuls ou escortés de noueurs d'aiguillettes et de sorciers,
Gilles de Sillé, Roger de Bricqueville, cousins et amis du Maréchal,
parcourent les environs, rabattent le gibier vers Gilles, tandis qu'un
prêtre de sa chapelle, Eustache Blanchet, part en Italie, où les
manieurs de métaux abondent.

En attendant, Gilles de Rais, sans se décourager, continue ses
expériences, qui, toutes, ratent ; il finit par croire que décidément
les magiciens ont raison, qu'aucune découverte n'est, sans l'aide de
Satan, possible.

Et, une nuit, avec un sorcier arrivé de Poitiers, Jean de la Rivière,
il se rend dans une forêt qui avoisine le château de Tiffauges. Il
demeure avec ses serviteurs Henriet et Poitou, sur la lisière du bois,
où le sorcier pénètre. La nuit est lourde et sans lune ; Gilles s'énerve
à scruter les ténèbres, à écouter le pesant repos de la campagne
muette ; ses compagnons terrifiés se serrent l'un contre l'autre, frémissant et chuchotant au moindre vent. Tout à coup un cri d'angoisse
s'élève. Ils hésitent, s'avancent, en tâtonnant, dans le noir, aperçoi-
vent, en une lueur qui saute, la Rivière exténué, tremblant, hagard,
près de sa lanterne. Il raconte, à voix basse, que le Diable a surgi
sous la forme d'un léopard, mais qu'il a passé auprès de lui, sans
même le regarder, sans rien lui dire.

Le lendemain, ce sorcier prend la fuite, mais un autre arrive.
C'est un trompette du nom de du Mesnil. Il exige que Gilles signe
de son sang une cédule dans laquelle il s'engage à donner au diable
tout ce qu'il voudra, « hormis sa vie et son âme », mais bien que
pour aider aux maléfices Gilles consente à faire chanter dans sa chapelle, à la fête de la Toussaint, l'office des damnés, Satan n'apparaît
pas.

Le Maréchal commençait à douter du pouvoir de ses magiciens,
quand une nouvelle opération qu'il tenta le convainquit que parfois
le démon se montre.

Un évocateur, dont le nom est perdu, se réunit à Tiffauges, dans une chambre, avec Gilles et de Sillé.

Sur le sol, il trace un grand cercle et commande à ses deux compagnons d'entrer dedans.

Sillé refuse, poigné par une terreur qu'il ne s'explique pas, il se met à frémir de tous ses membres, se réfugie près de la croisée qu'il ouvre, murmure tout bas des exorcismes.

Gilles, plus hardi, se tient au milieu du cercle ; mais, aux premières conjurations, il frissonne à son tour et veut faire le signe de la croix. Le sorcier lui ordonne de ne pas bouger. A un moment, il se sent saisi à la nuque ; il s'effare, vacille, supplie Notre-Dame la Vierge de le sauver. L'évocateur furieux, le jette hors du cercle ; il s'élance par la porte, de Sillé par la fenêtre ; ils se retrouvent en bas, restent béants, car des hurlements s'entendent dans la chambre où le magicien opère. « Un bruit d'épées tombant à coups drus et pressés sur une couette », se fait entendre, puis des gémissements, des cris de détresse, l'appel d'un homme qu'on assassine.

Epouvantés, ils demeurent aux écoutes, puis quand le vacarne cesse, ils se hasardent, poussent la porte, trouvent le sorcier étendu sur le parquet, roué de coups, le front fracassé, dans des flots de sang.

Ils l'emportent ; Gilles, plein de pitié, le couche dans son propre lit, l'embrasse, le panse, le fait confesser, de peur qu'il ne trépasse. Il reste quelques jours entre la vie et la mort, finit par se rétablir, et il se sauve.

Gilles désespérait d'obtenir du diable la recette du souverain magistère, quand Eustache Blanchet lui annonça son retour d'Italie ; il amène le maître de la magie florentine, l'irrésistible évocateur des démons et des larves, François Prélati.

Celui-ci stupéfia Gilles. Il avait à peine vingt-trois ans et il était l'un des hommes les plus spirituels, les plus érudits, les plus raffinés du temps. Qu'avait-il fait avant de venir s'installer à Tiffauges et d'y commencer, avec le Maréchal, la plus épouvantable série de forfaits qui se puisse voir ? Son interrogatoire dans le procès criminel de Gilles ne nous fournit pas de renseignements bien détaillés sur son compte. Il était né dans le diocèse de Lucques, à Pistoie, avait été ordonné prêtre par l'évêque d'Arezzo. Quelque temps après son entrée dans le sacerdoce, il était devenu l'élève d'un thaumaturge de Florence, Jean de Fontenelle, et il avait souscrit un pacte avec ce démon. A partir de ce moment, il avait dû se livrer au plus abominable des sacrilèges et pratiquer le rituel meurtrier de la magie noire.

Toujours est-il que Gilles s'éprend de cet homme ; les fourneaux éteints se rallument ; cette pierre des Sages, que Prélati a vu, flexible, cassante, rouge, sentant le sel marin calciné, ils la cherchent, à eux deux, furieusement en invoquant l'enfer.

Leurs incantations demeurent vaines. Gilles, désolé, les redouble ; mais elles finissent par tourner mal ; un jour Prélati manque d'y laisser ses os.

Une après-midi, Eustache Blanchet aperçoit, dans une galerie du château, le Maréchal tout en larmes ; des plaintes de supplicié s'entendent à travers la porte d'une chambre ou Prélati évoque le diable.

« Le démon est là qui bat mon pauvre François, je t'en supplie, entre », s'écrie Gilles ; mais Blanchet, effrayé, refuse. Alors Gilles se décide, malgré sa peur ; il va forcer la porte, quand elle s'ouvre et Prélati trébuche, sanglant dans ses bras. Il put, soutenu par ses deux amis, gagner la chambre du Maréchal, où on le coucha ; mais les coups qu'il avait reçus furent si violents qu'il délira : la fièvre s'accrut. Gilles, désespéré, s'installa près de lui, le soigna, le fit confesser, pleura de bonheur lorsqu'il ne fut plus en danger de mort.

Ce fait, qui se renouvelle, du sorcier inconnu et de Prélati, dangereusement blessés, en une chambre vide, dans des circonstances identiques, est relaté dans des documents authentiques ; ce sont les pièces même du procès de Gilles.

On peut se figurer combien le mystique qu'était Gilles de Rais dut croire à la réalité du diable, après avoir assisté à de pareilles scènes !

Malgré ses échecs, il ne pouvait donc douter — et Prélati à moitié assommé devait douter moins encore — que s'il plaisait à Satan, ils trouveraient enfin cette poudre qui les comblerait de richesses et les rendrait même presque immortels, car, à cette époque la pierre philosophale passait non seulement pour transmuer les métaux vils, tels que l'étain, le plomb, le cuivre, en des métaux nobles comme l'argent et l'or, mais encore pour guérir toutes les maladies et prolonger, sans infirmité, la vie jusqu'aux limites jadis assignées aux patriarches.

Enfin, Prélati, Blanchet, tous les souffleurs et les sorciers qui entourent le Maréchal, déclarent que pour amorcer Satan, il faudrait que Gilles lui cédât son âme et sa vie ou qu'il commît des crimes.

Gilles refuse d'aliéner son existence et d'abandonner son âme, mais il songe sans horreur aux meurtres. Cet homme, si brave sur le champ de bataille, si courageux quand il accompagne et défend Jeanne d'Arc, tremble devant le démon, s'apeure lorsqu'il songe à la vie éternelle, lorsqu'il pense au Christ. Et il en est de même de ses complices ; pour être assuré qu'ils ne révéleront pas les confondantes turpitudes que le château cèle, il leur fait jurer sur les saints Évangiles le secret, certain qu'aucun d'eux n'enfreindra le serment, car au Moyen Age, le plus impavide des bandits n'oserait assumer l'irrémissible méfait de tromper Dieu !

La première victime de Gilles fut un tout petit garçon dont le nom est ignoré. Il l'égorgea, lui trancha les poings, détacha le cœur, arracha les yeux, et il le porta dans la chambre de Prélati. Tous deux les offrirent dans des objurgations passionnées, au diable, qui se tut. Gilles, exaspéré s'enfuit. Prélati roula ces pauvres restes dans un linge et, tremblant, s'en fut, dans la nuit, les inhumer en terre sainte, auprès d'une chapelle dédiée à saint Vincent.

Le sang de cet enfant que Gilles avait conservé pour écrire ses formules d'évocation et ses grimoires, s'épandit en d'horribles semailles qui levèrent, et bientôt, de Rais put engranger la plus exorbitante moisson de crimes que l'on connaisse.

De 1432 à 1440, c'est-à-dire pendant ces huit années comprises entre la retraite du Maréchal et sa mort, les habitants de l'Anjou, du Poitou, de la Bretagne, errent en sanglotant sur les routes. Tous les enfants disparaissent ; les pâtres sont enlevés dans les champs ; les fillettes qui sortent de l'école, les garçons qui vont jouer à la pelote le long des ruelles ou s'ébattent au bord des bois ne reviennent plus.

Le peuple effaré se raconte d'abord que de méchantes fées, que des génies malfaisants, dispersent sa géniture, mais, peu à peu d'affreux soupçons lui viennent. Dès que le Maréchal se déplace, dès qu'il va de sa forteresse de Tiffauges au château de Champtocé, et de là au castel de la Suze, ou à Nantes, il laisse derrière ses pas des traînées de larmes. Il traverse une campagne et, le lendemain, des enfants manquent. En frémissant, le paysan constate aussi que partout où se sont montrés Prélati, Roger de Bricqueville, Gilles de Sillé, tous les intimes du Maréchal, les petits garçons ont disparu. Enfin avec horreur, il remarque qu'une vieille femme, Perrine Martin, erre, vêtue de gris, le visage couvert comme celui de Gilles de Sillé d'une étamine noire ; elle accoste les enfants, et son parler est si séduisant, sa figure, dès qu'elle lève son voile, est si habile, que tous la suivent jusqu'aux lisières du bois, où des hommes les emportent bâillonnés dans des sacs. Et le peuple épouvanté appelle cette pourvoyeuse de chair, cette ogresse, la Meffraye, du nom d'un oiseau de proie.

Combien le Maréchal égorgea-t-il d'enfants ? Lui-même l'ignorait. Les textes du temps comptent de sept à huit cents victimes, mais ce nombre est insuffisant, semble inexact. Des régions entières furent dévastées ; le hameau de Tiffauges n'avait plus de jeunes gens, La Suze nulle couvée mâle ; à Champtocé, tout le fond d'une tour était rempli de cadavres ; un témoin cité dans l'enquête Guillaume Hylairet, déclare aussi « qu'un nommé Du Jardin a ouï dire qu'il avait trouvé audit châtel une pipe toute pleine de petits enfants morts ».

Aujourd'hui encore, les traces de ces assassinats persistent. En 1889, à Tiffauges, un médecin découvrit une oubliette, et il en ramena des masses de têtes et d'os !

Toujours est-il que Gilles avoua d'épouvantables holocaustes et que ses amis en confirmèrent les effrayants détails.

Les habitants des régions qui avoisinent les châteaux du Maréchal savent enfin quel est l'inconcevable monstre qui enlève les enfants et les égorge. Mais personne n'ose parler. Dès qu'au tournant d'un chemin la haute taille du carnassier émerge, tous s'enfuient, se tapissent derrière les haies, s'enferment dans les chaumières.

Et Gilles passe, altier et sombre, dans le désert des villages singultueux et clos. L'impunité lui semble assurée, car quel paysan serait assez fou pour s'attaquer à un maître qui peut le faire patibuler au moindre mot ?

D'autre part, si les humbles renoncent à l'atteindre, ses pairs n'ont pas dessein de le combattre au profit des manants qu'ils dédaignent ; et son supérieur, le duc de Bretagne, Jean V, le caresse et le choie, afin de lui extorquer ses terres.

Une seule puissance pouvait se lever et, au-dessus des complicités féodales, au-dessus des intérêts humains, venger les opprimés et les faibles : l'Eglise. — Et ce fut elle, en effet, qui, dans la personne de Jean de Malestroit, se dressa devant le monstre et l'abattit.

Jean de Malestroit, évêque de Nantes, appartenait à une lignée illustre. Il était proche parent de Jean V, et son incomparable piété, sa sagesse assidue, sa fougueuse charité, son infaillible science, le faisaient vénérer par le duc même.

Les sanglots des campagnes décimées par Gilles étaient venus jusqu'à lui ; en silence, il commençait une enquête, épiait le Maréchal, décidé, dès qu'il le pourrait, à commencer la lutte.

Et Gilles commit subitement un inexplicable attentat qui permit à l'Évêque de marcher droit sur lui et de le frapper.

Pour réparer les avaries de sa fortune, Gilles vend sa seigneurie de Saint-Étienne de Mer-Morte à un sujet de Jean V, Guillaume le

Ferron, qui délégua son frère Jean pour prendre possession de ce domaine.

Quelques jours après, le Maréchal réunit les deux cents hommes de sa prison militaire et il se dirige à leur tête sur Saint-Étienne. Là, le jour de la Pentecôte, alors que le peuple réuni entend la messe, il se précipite, la jusarme au poing, dans l'église ; balaie d'un geste les rangs tumultueux des fidèles, et, devant le prêtre interdit, menace d'égorger Jean le Ferron qui prie. Le saint sacrifice est interrompu, les assistants prennent la fuite. Gilles traîne le Ferron qui demande grâce jusqu'au château, ordonne qu'on baisse le pont-levis et de force il occupe la place, tandis que son prisonnier est emporté et jeté à Tiffauges dans un fond de geôle.

Il venait du même coup de violer le coutumier de Bretagne qui interdisait à tout baron de lever des troupes sans le consentement du duc, et de commettre un double sacrilège, en profanant une chapelle et en s'emparant de Jean le Ferron, qui était un clerc tonsuré d'Église.

L'Évêque apprend ce guet-apens et décide Jean V, qui hésite pourtant, à marcher contre le rebelle. Alors, tandis qu'une armée s'avance sur Saint-Étienne, que Gilles abandonne pour se réfugier avec une petite troupe dans le manoir fortifié de Machecoul, une autre armée met le siège devant Tiffauges.

Pendant ce temps, le prélat accumule, hâte les enquêtes. Son activité devient extraordinaire ; il délègue des commissaires et des procureurs dans les villages où des enfants ont disparu. Lui-même quitte son palais de Nantes, parcoure les campagnes, recueille les dépositions des victimes. Le peuple parle enfin, le supplie à genoux de le protéger, et, soulevé par les atroces forfaits qu'on lui révèle, l'Évêque jure qu'il fera justice.

Un mois a suffi pour que tous les rapports soient terminés. Par lettres patentes, Jean de Malestroit établit publiquement l' « infamatio » de Gilles, puis, alors que les formules de la procédure canonique sont épuisées, il lance le mandat d'arrêt.

Dans cette pièce, libellée en forme de mandement et donnée à Nantes, le 13 septembre de l'an du Seigneur 1440, il rappelle les crimes imputés au Maréchal, puis, dans un style énergique, il somme son diocèse de marcher contre l'assassin, de le débusquer.

« Ainsi, nous vous enjoignons à tous et à chacun de vous en particulier, par ces présentes lettres, de citer immédiatement et d'une manière définitive, sans compter l'un sur l'autre, sans vous reposer de ce soin sur autrui, de citer devant nous, ou devant l'official de notre église cathédrale, pour le lundi de la fête de l'Exaltation de la sainte-Croix, le 19 septembre, Gilles, noble baron de Rais, soumis à notre puissance et relevant de notre juridiction, et nous le citons. nous-même, par ces lettres, à comparaître à notre barre pour avoir à répondre des crimes qui pèsent sur lui. — Exécutez donc ces ordres et que chacun de vous les fasse exécuter. »

Et, le lendemain, le capitaine d'armes, Jean Labbé, agissant au nom du Duc, et Romain Guillaumet, notaire, agissant au nom de l'Évêque, se présentent, escortés d'une petite troupe, devant le château de Machecoul.

Que se passe-t-il dans l'âme du Maréchal ? Trop faible pour tenir en rase campagne, il peut néanmoins se défendre derrière les remparts qui l'abritent, et il se rend !

Roger de Bricqueville, Gilles de Sillé, ses conseillers habituels, ont pris la fuite. Il reste seul avec Prélati, qui essaie en vain, lui aussi, de se sauver.

Il est, ainsi que Gilles, chargé de chaînes ; Robin Guillaumet visite la forteresse de fond en comble. Il y découvre des chemisettes ensanglantées, des os mal calcinés, des cendres que Prélati n'a pas eu le temps de précipiter dans les douves.

Au milieu des malédictions, des cris d'horreur qui jaillissent autour d'eux, Gilles et ses serviteurs sont conduits à Nantes et écroués au château de la Tour-Noire.

Aussitôt que Gilles et ses complices furent incarcérés, deux tribunaux s'organisèrent : l'un ecclésiastique, pour juger les crimes qui relevaient de l'Église, et l'autre civil, pour juger ceux auxquels il appartenait à l'État de connaître.

A vrai dire, le tribunal civil qui assista aux débats ecclésiastiques s'effaça complètement dans cette cause ; il ne fit, pour la forme, qu'une petite contre-enquête, mais il prononça la sentence de mort que l'Église s'interdisait de proférer en raison du vieil adage : *Ecclesia abhorret a sanguine.*

Les procédures ecclésiastiques durèrent un mois et huit jours ; les procédures civiles quarante-huit heures. Il semble, que pour se mettre à l'abri derrière l'Évêque, le duc de Bretagne ait volontairement amoindri le rôle de la justice civile, qui d'ordinaire se débattait mieux derrière les empiètements de l'official.

Jean de Malestroit préside les audiences ; il choisit pour assesseurs les Evêques du Mans, de Saint-Brieuc et de Saint-Lô ; puis, en sus de ces hauts dignitaires, il s'entoure d'une troupe de juristes qui se relevaient dans les interminables séances du procès. Les noms de la plupart d'entre eux figurent dans les pièces de procédure ; ce sont : Guillaume de Montigné, avocat à la cour séculière, Jean

Blanchet, bachelier ès-lois, Guillaume Groyguet et Robert de la Rivière, licenciés *in utroque jure*, Hervé Lévi, sénéchal de Quimper, Pierre de l'Hospital, chancelier de Bretagne, qui doit présider, après le jugement canonique, les débats civils, assiste Jean de Malestroit.

Le Promoteur, qui faisait alors office de ministère public, fut Guillaume Chapeiron, curé de Saint-Nicolas, homme éloquent et retors ; on lui adjoignit, pour alléger la fatigue des lectures, Geoffroy Piprain, doyen de Sainte-Marie, et Jacques de Pentcoetdic, Official de l'église de Nantes.

Enfin, à côté de la juridiction épiscopale, l'Église avait institué, pour la répression du crime d'hérésie, qui comprenait alors le parjure, le blasphème, le sacrilège, tous les forfaits de la magie, le tribunal extraordinaire de l'Inquisition.

Il siégea, aux côtés de Jean de Malestroit, en la redoutable et docte personne de Jean Blouyn, de l'Ordre de Saint-Dominique, délégué par le grand inquisiteur de France, Guillaume Mérici, aux fonctions de Vice-Inquisiteur de la ville et du diocèse de Nantes.

Le Tribunal constitué, le procès s'ouvre dès le matin, car juges et témoins doivent être, selon l'usage du temps, à jeun. On y entend le récit des parents des victimes, et Robin Guillaumet, faisant fonction d'huissier, celui-là même qui s'est emparé du Maréchal à Machecoul, donne lecture de l'assignation faite à Gilles de Rais de paraître. Il est amené et déclare dédaigneusement qu'il n'accepte pas la compétence du Tribunal ; mais, ainsi que le veut la procédure canonique, le Promoteur rejette aussitôt, « pour ce que par ce moyen la correction du maléfice ne soit empêchée », le déclinatoire comme étant nul en droit et « frivole » et il obtient du Tribunal qu'on passe outre. Il commence à lire à l'inculpé les chefs de l'accusation portée contre lui ; Gilles crie que le Promoteur est menteur et traître. Alors Guillaume Chapeiron étend le bras vers le Christ, jure qu'il dit la vérité et invite le Maréchal à prêter le même serment. Mais cet homme, qui n'a reculé devant aucun sacrilège, se trouble, refuse de se parjurer devant Dieu, et la séance se lève dans le brouhaha des outrages que Gilles vocifère contre le Promoteur.

Ces préambules terminés, quelques jours après, les débats publics commencent. L'acte d'accusation dressé en forme de réquisitoire, est lu, tout haut, devant l'accusé, devant le peuple qui tremble, alors que Chapeiron énumère, un à un, patiemment les crimes, accuse formellement le Maréchal d'avoir occis des petits enfants, d'avoir pratiqué les opérations de la sorcellerie et de la

magie, d'avoir violé à Saint-Étienne de Mer-Morte les immunités de
la sainte Église.

Puis, après un silence, il reprend son discours et, laissant de côté
les meurtres, ne retenant plus alors que les crimes, dont la punition,
prévue par le droit canonique, pouvait être prononcée par l'Église,
il demande que Gilles soit frappé de la double excommunication,
d'abord comme évocateur de démon, hérétique, apostolat et relaps,
ensuite comme sacrilège.

Gilles, qui a écouté ce réquisitoire tumultueux et serré, âpre et
dense, s'exaspère. Il insulte les juges, les traite de simoniaques et de
ribauds, et il refuse de répondre aux questions qu'on lui pose. Le
Promoteur, les assesseurs, ne se lassent point ; ils l'invitent à pré-
senter sa défense. De nouveau, il les récuse, les outrage, puis lorsqu'il s'agit de les réfuter, il reste muet.

Alors, l'Évêque et l'Inquisiteur le déclare contumace et pronon-
cent contre lui la sentence d'excommunication, qui est aussitôt rendue
publique.

Ils décident en outre que les débats se poursuivront le lendemain.

Ce jour-là, Gilles de Rais comparut de nouveau devant ses juges.

Il se présenta la tête basse et les mains jointes. Il avait, une fois
de plus, bondi d'un excès à un autre ; quelques heures avaient suffi
pour assagir l'énergumène, qui déclara reconnaître les pouvoirs de
ses magistrats et demanda pardon de ses outrages.

Ils lui affirmèrent que, pour l'amour de Notre-Seigneur, ils
oubliaient ses injures et, sur sa prière, l'Évêque et l'Inquisiteur rap-
portèrent la sentence d'excommunication dont ils l'avaient frappé, la
veille. Cette audience, d'autres, furent occupées par la comparution
de Prélati et de ses complices ; puis, s'appuyant sur le texte ecclésiastique qui atteste ne pouvoir se contenter de la confession, si elle
est *dubia, vaga, generalis, illativa, jacosa,* le Promoteur assura que
pour certifier la sincérité des aveux, Gilles devait être soumis à la
question canonique, c'est-à-dire à la torture.

Le Maréchal supplie l'Évêque d'attendre jusqu'au lendemain et
réclame le droit de se confesser tout d'abord aux juges qu'il plairait
au Tribunal de désigner, jurant qu'il renouvellerait ses aveux devant
le public et la Cour.

Jean de Malestroit accueillit cette requête, et l'Évêque de Saint-
Brieuc et Pierre de l'Hospital, chancelier de Bretagne, furent
chargés d'entendre Gilles dans sa cellule ; quand il eut terminé le
récit de ses fautes et de ses meurtres, ils ordonnèrent qu'on amenât
Prélati.

A sa vue, Gilles fondit en larmes, et alors qu'après l'interrogatoire, on s'apprêtait à reconduire l'Italien dans sa geôle, il l'embrassa, disant : « Adieu. François, mon ami, jamais plus nous ne nous entreverrons en ce monde. Je prie Dieu qu'il vous donne bonne patience et connaissance, et soyez certain, si vous avez bonne patience et espérance en Dieu, que nous nous entreverrons en grande joie de Paradis. Priez Dieu pour moi, et je prierai pour vous. »

Et il fut laissé seul pour méditer sur ses forfaits, qu'il devait avouer publiquement, à l'audience du lendemain.

Ce fut, ce jour-là le jour solennel du procès. La salle où siégeait le Tribunal était comble, et la multitude, refoulée dans les escaliers, serpentait jusque dans les cours, emplissant les venelles avoisinantes, barrait les rues. De vingt lieues à la ronde, les paysans étaient venus pour voir le mémorable fauve dont le nom seul faisait, avant sa capture, clore les portes dans les tremblantes veillées où pleuraient tout bas les femmes.

Le Tribunal allait se réunir au grand complet. Tous les assesseurs, qui, d'habitude, se suppléaient pendant les longues audiences étaient présents.

La salle, massive, obscure, soutenue par de lourds piliers romans, se rajeunissait à mi-corps, s'effilait en ogive, élançait à des hauteurs de cathédrale les arceaux de sa voûte qui se rejoignaient, ainsi que les côtes des mitres abbatiales, en une pointe. Elle était éclairée par un jour déteint que filtrait, au travers de leurs résilles de plomb, d'étroits carreaux. L'azur du plafond se fonçait et ses étoiles ne scintillaient plus, à cette hauteur, que comme des têtes, en acier, d'épingles ; dans les ténèbres des voûtes, l'hermine des armes ducales apparaissait, confuse, dans des écussons qui ressemblaient à de grands dés blancs, mouchetés de points noirs.

Et soudain les trompettes hennirent, la salle devint claire, les Évêques entraient. Ils fulguraient sous leurs mitres en drap d'or, étaient cravatés d'un collier de flammes par le collet orfrasé, pavé d'escarboucles, de leurs robes. En une silencieuse procession, ils s'avançaient, alourdis par leurs rigides chapes qui tombaient, en s'évasant, de leurs épaules, pareilles à des cloches d'or fendues sur le devant, et ils tenaient la crosse à laquelle pendait le manipule, une sorte de voile vert.

Ils flambaient, à chaque pas, ainsi que des brasiers sur lesquels on souffle, éclairaient eux-mêmes la salle, en reflétant le pâle soleil d'un pluvieux octobre qui se ranimait dans leurs joyaux et y puisait de nouvelles flammes qu'il renvoyait, en les dispersant, à l'autre bout de la salle jusqu'au peuple muet.

Atteints par le ruissellement des orfrois et des pierres, les costumes des autres juges paraissaient plus discords et plus sombres ; les vêtements noirs des assesseurs et de l'Official, la robe blanche et noire de Jean Blouyn, les simarres en soie, les manteaux de laine rouge, les chaperons écarlates, bordés de pelleteries, de la justice séculière, semblaient défraîchis et grossiers.

Les Évêques s'assirent, au premier rang, entourèrent, immobiles, Jean de Malestroit qui, d'un siège plus haut, dominait la salle.

Sous l'escorte d'hommes d'armes, Gilles entra.

Il était défait, hâve, vieilli de vingt années en une nuit. Ses yeux brûlaient dans des paupières rissolées, ses joues tremblaient.

Sur l'injonction qui lui fut adressée il commença le récit de ses crimes.

D'une voix sourde, obscurcie par les larmes, il raconta ses rapts d'enfants, ses hideuses tactiques, ses meurtres impétueux ; obsédé par la vision de ses victimes, il décrivit leurs agonies, leurs appels et leurs râles ; il confessa qu'il avait arraché des cœurs par des plaies élargies, ouvertes, telles que des fruits mûrs.

Et d'un œil de somnambule, il regardait ses doigts qu'il secouait comme pour en laisser égoutter le sang.

La salle atterrée gardait un morne silence que lacéraient soudain quelques cris brefs ; et l'on emportait, en courant, des femmes évanouies, folles d'horreur.

Lui semblait ne rien entendre, ne rien voir ; il continuait à dévider l'effrayante litanie de ses crimes.

Puis, sa voix devint plus rauque : il arrivait aux effusions sépulcrales. Il divulgua les détails, les énuméra tous. Ce fut tellement formidable, tellement atroce, que, sous leurs coiffes d'or, les Évêques blêmirent ; ces prêtres trempés au feu des confessions, ces juges qui en des temps de démonomanie et de meurtre avaient entendu les plus terrifiants des aveux, ces prélats qu'aucun forfait, qu'aucune abjection des sens, qu'aucun purin d'âme n'étonnaient plus, se signèrent, et Jean de Malestroit se dressa et voila, par pudeur, la face du Christ.

Puis, tous baissèrent le front, et sans qu'un mot eût été échangé, ils écoutèrent le Maréchal qui, la figure bouleversée, trempée de sueur, regardait le crucifix dont l'invisible tête soulevait le voile avec sa couronne hérissée d'épines.

Gilles acheva son récit ; mais alors, une détente eut lieu ; jusqu'ici il était resté debout, parlant comme dans un brouillard, se racontant à lui-même, tout haut, le souvenir de ses impérissables crimes.

Quant ce fut terminé, les forces l'abandonnèrent. Il tomba sur les genoux et, secoué par d'affreux sanglots, il cria : « O Dieu, mon Rédempteur, je vous demande miséricorde et pardon ! » — Puis, ce farouche et hautain baron, le premier de sa race, sans doute, s'humilia. Il se tourna vers le peuple et dit, en pleurant : « Vous, les parents de ceux que j'ai si cruellement mis à mort, donnez, ah ! donnez-moi le secours de vos pieuses prières ! »

Alors, en sa blanche splendeur, l'âme du Moyen Age rayonna dans cette salle.

Jean de Malestroit quitta son siège et releva l'accusé qui frappait de son front désespéré les dalles ; le juge disparut en lui, le prêtre seul resta ; il embrassa le coupable qui se repentait et pleurait sa faute.

Il y eut dans l'audience un frémissement lorsque Jean de Malestroit dit à Gilles, debout, la tête appuyée sur sa poitrine : « Prie pour que la juste et épouvantable colère du Très-Haut se taise ; pleure, pour que tes larmes épurent le charnier en folie de ton être ! »

Et la salle entière s'agenouilla et pria pour l'assassin.

Quand les oraisons se turent, il y eut un instant d'affolement et de trouble. Exténuée d'horreur, excédée de pitié, la foule houlait ; le Tribunal, silencieux et énervé, se reconquit.

D'un geste, le Promoteur arrêta la discussion, balaya les larmes.

Il dit que les crimes étaient « clairs et apperts. » que les preuves étaient manifestes, que la Cour pouvait maintenant, en son âme et conscience, châtier le coupable et il demande que l'on fixât le jour du jugement : le Tribunal désigna le surlendemain.

Et ce jour-là, l'Official de l'église de Nantes, Jean de Pentcoëtdic lut, à la suite, les deux sentences ; la première, rendue par l'Évêque et l'Inquisiteur sur les faits relevant de leur commune juridiction, commençait ainsi :

« Le saint nom du Christ invoqué, nous, Jean, Évêque de Nantes, et frère Jean Blouyn, bachelier en nos saintes Écritures, de l'Ordre des Frères Prêcheurs de Nantes et délégués de l'Inquisiteur de l'hérésie pour la ville et le diocèse de Nantes, en séance du Tribunal et n'ayant sous les yeux que Dieu seul... »

Et, après l'énumération des crimes, il concluait :

« Nous prononçons, nous décidons, nous déclarons que toi, Gilles de Rais, cité à notre Tribunal, tu es honteusement coupable d'hérésie, d'apostasie, d'évocation des démons ; que pour ces crimes tu as encouru la sentence d'excommunication et toutes les autres peines déterminées par le droit. »

La seconde sentence, rendue par l'Évêque seul, sur les crimes de sacrilège et de violation des immunités de l'Eglise, qui étaient plus particulièrement de son ressort, aboutissait aux mêmes conclusions et prononçait également, dans une forme presque identique, la même peine.

Gilles écoutait, tête basse, la lecture des jugements. Quand elle fut terminée, l'Évêque et l'Inquisiteur lui dirent : « Voulez-vous, maintenant que vous détestez vos erreurs, vos évocations et vos autres crimes, être réincorporé à l'Église, votre mère ? »

Et, sur les ardentes prières du Maréchal, ils le relevèrent de toute excommunication et l'admirent à participer aux sacrements. La justice de Dieu était satisfaite, le crime était reconnu, puni, mais effacé par la contrition et la pénitence. La justice humaine demeurait seule.

L'Évêque et l'Inquisiteur remirent le coupable à la cour séculière qui, retenant les captures d'enfants et les meurtres, prononça la peine de mort et la confiscation des biens. Prélati, les autres complices, furent en même temps condamnés à être pendus et brûlés vifs.

— Criez à Dieu merci, dit Pierre de l'Hospital, qui présidait les débats civils, et disposez-vous à mourir en bon état, avec un grand repentir d'avoir commis de tels crimes.

Cette recommandation était superflue.

Gilles envisageait maintenant le supplice sans aucun effroi. Il espérait humblement, avidement, en la miséricorde du Sauveur ; l'expiation terrestre, le bûcher, il l'appelait de toutes ses forces, pour se rédimer des flammes éternelles après sa mort.

Loin de ses châteaux, dans sa geôle, seul, il s'était ouvert et il avait visité ce cloaque qu'avaient si longtemps alimenté les eaux résiduaires échappées des abattoirs de Tiffauges et de Machecoul. Il avait erré, sangloté, sur ses propres rives, désespérant de pouvoir jamais étancher l'amas de ses effrayantes boues. Et, foudroyé par la grâce, dans un cri d'horreur et de joie, il s'était subitement renversé l'âme ; il l'avait lavée de ses pleurs, séchée au feu des prières. Le meurtrier s'était renié, le compagnon de Jeanne d'Arc avait reparu, le mystique dont l'âme s'essorait jusqu'à Dieu, dans des balbuties d'adorations, dans des flots de larmes !

J.-K. Huysmans.

Ligugé. — Imp. de la Tradition Nationale.